ESTE MANGA ESTÁ EDITADO EN SU SENTIDO DE LECTURA ORIGINAL JAPONÉS

<< CÓMO LEERLO >>

OCCIDENTAL | **JAPONÉS**

PORTADA, INICIO DE LECTURA

ORDEN DE LECTURA VIÑETAS

ORDEN DE LECTURA BOCADILLOS

n Japón y varios otros países, la lectura se realiza exactamente a la inversa de como la hacemos nosotros. fin de poder leer los mangas como estamos acostumbrados, estos se suelen publicar con las páginas espe-das. Muchos autores de manga, sin embargo, no están de acuerdo con esto ya que opinan que les distor-siona los dibujos. Por eso exigen como condición para vender los derechos de una serie que el editor ranjero se comprometa a respetar el sentido de lectura original japonés y no espeje las páginas. Si bien en principio puede resultar chocante o complicado leer al revés, es sólo cuestión de práctica y una vez que estra mente se acostumbra resulta tan natural y placentero como leer en el sentido de lectura occidental.

SERIES SHONEN

MÄR
15 TOMOS

MIDORI
ÉCHAME UNA MANO
8 TOMOS

SABER
MARIONETTE J
5 TOMOS

PEACE MAKER
SHINSEN GUMI IMON
5 TOMOS

LOST UNIVERSE
6 TOMOS

LOST UNIVERSE
SPECIAL
2 TOMOS

MAHOROMATIC
8 TOMOS

ESCUELA DE BRUJAS
6 TOMOS

LAS PERVERSIONES
DE LA DRA. LIAM
4 TOMOS

FRAME SABER
3 TOMOS

HUNGRY HEARTS
6 TOMOS

EL MISTERIOSO LOKI
7 TOMOS

IVREA
PELEAR AUNQUE RECIBAS MÁS GOLPES QUE LOS DADOS
BALJAK
DE JEON SANG-YOUNG (GUIÓN) Y KIM YOUNG-HO (DIBUJO)
SERIE DE 12 TOMOS

NUEVAS SERIES NUEEEEVAS

SECRETOS DEL CORAZÓN

SHIGURUI

MONKEY HIGHSCHOOL

PLACER A LA CARTA
(tomo único)

SEX=LOVE²
(2 tomos)

TACHIBANA
(tomo único)

PLACER A LA CARTA
Una publicación de
Editorial Ivrea S.L.
Barcelona, España

Presidente - Dirección Editorial
Leandro Oberto

Directora Adjunta
Marina Fornaguera

Coordinación - Producción
Susana Ezquerro
Graciela Escobar
Evangelina Jaimes
Juan Ignacio Quiroga
Darío Oberto
Carlos Benito

Equipo de Diseño
Javier Heredia
Paula Ventimiglia
Pablo Broqua
Víctor Czesli
Mónica Lorente
David Rodríguez
Alejandro Gutiérrez
Federico Musso
Leonardo Llinás
Fernanda Bermejo
Pablo Rius
Nicolás Pruiti

Depósito Legal: B-56428-2007
ISBN: 978-84-96967-66-3
Planta Impresora: Zukoy 5 S.L.
Marzo 2008
Printed in Spain

PLACER a la carta

KAEDE IBUKI

TRADUCCIÓN
SALOMÓN DONCEL-MORIANO

CORRECCIÓN
ALESSANDRA MOURA

RETOQUE DE
ONOMATOPEYAS
Y ROTULACIÓN
CYNTHIA HAJDINJAK

IVREA

HISTORIA EXTRA: FIN (INÉDITA)

VESTIRNOS TODOS DE MUJER.
REZZENO
(DE IZUMI) QUÉ PINTAS
PASEN POR AQUÍ. ♡
BIENVENIDOS

ME ENCANTA QUE PIENSES EN MÍ, PERO...
ME GUSTARÍA IR MÁS FEMENINA.
¿TE IMPORTA?
GRRR
KYAAH
QUIERO IR MONA, PORFA.
TENGO UNA IDEA.
HASTA HACE POCO SÓLO VENÍAN CLIENTAS.
PERO COMO AHORA TAMBIÉN VIENEN CHICOS,
UNA VEZ A LA SEMANA PODRÍAMOS...

SI SE PONE ESE VESTIDO,
LAS CLIENTAS SE PONDRÁN ARISCAS,
Y LOS HOMBRES SE PASARÁN CON ELLA.
SUO... ♡
SIEMPRE TAN ATENTO.
AGUA-FIESTAS.
SERÍA MEJOR...
QUE SE VISTIERA DE HOMBRE.
VAU, ¡QUÉ PROVO! ♡

PUES SÍ... YA QUE ME VISTO,
QUIERO IR GUAPA. ♡
BAH...
NO TENÉIS NI IDEA.
TUM TUM
PARA CAZAR A LOS CLIENTES,
ATENCIÓN: EL PECHO SE TRANSPARENTA
¡¡NADA COMO UN TRAJE SEXY!!
SHA—NN
¡¡ESO ES DE PILINGUI!!
ERA UNA SUGERENCIA...
FUH
...
QUÉ FUERTE
HASTA EL ENCARGADO OPINA.
HAA
¡VA A TRABA-JAR DE CAMA-RERA!

HISTORIA EXTRA
HOY ELEGIMOS EL NUEVO UNIFORME,
YA QUE AL FINAL ME CONTRATARON.
ESTE ES EL TÍPICO QUE USAMOS PARA LAS CAMARERAS.
PERO YO TE DARÍA UN TOQUE MÁS DULCE.
¡¡MOLA MÁS EL ROQUERO!!
¿QUÉ DECÍS?
¿QUÉ TE PARECE ESTE?
ENSEÑANDO OMBLIGO
¡QUÉ VA!
LE PEGA MÁS UNA CHAQUETA Y DOS COLETAS
MÁS SU ESTILO

SUS PALABRAS TRANSMITEN FELICIDAD Y NOSTALGIA.
TIENES QUE QUEDARTE A MI LADO.
PORQUE...
A MI... TAMBIÉN ME GUSTAS, SHIN...
PORQUE TE QUIERO.
POR CIERTO,
ESE VIEJO AMIGO TUYO AL QUE NO LE GUSTAN LAS PATATAS CON CURRY... TAMBIÉN SOY YO.
¡¡POR SI NO TE HAS DADO CUENTA!!
PUES POR CHULITO, NO LE DIRÉ QUE ÉL FUE MI PRIMER AMOR.
MONEY CONTROL: FIN

¡MIRA QUE ERES LENTA!
ME HACES SER MALO.
EL BESO EN LA OREJA
UH
LO, LO SIENTO...
¿POR QUÉ TE ENFADAS?
¿¡CÓMO SE TE OCURRE METER A EXTRAÑOS EN CASA!?
AUNQUE YO SOY DE FIAR
¡¡PORQUE ME PREOCUPO POR TI!!
HACE MUCHO QUE QUERÍA VERTE,
¡¡ESTÁS GUAPÍSIMA!!
MH~HH
AH, ¿¡SÍÍ!?
SARASA.
SIEMPRE HE ESTADO ENAMORADO DE TI,

¡...!
¡NO TE VAYAS,
SHIN....!
......
CUÁNTO HAS TAR-DADO...
TOING

NO PONGAS ESA CARA.
NOS VOLVEREMOS A VER, PROMETIDO.
!
RAS RASS
¡PROMETIDO!
ES LO MISMO QUE ÉL ME DIJO CUANDO TENÍA 7 AÑOS.
"NO TE VAYAS, SHIN"...
TENÍA CUATRO AÑOS MÁS QUE YO Y LO QUERÍA COMO A UN HERMANO.
CUANDO SE FUE A AMÉRICA.
NOO!
"PERDÓNAME, SARASA".
"ALGÚN DÍA NOS VOLVEREMOS A VER".
"PROMETIDO".
SE LLAMA IGUAL Y TIENE SU MISMA CARA...
¿CÓMO NO ME HE DADO CUENTA ANTES?

ENTON-
CES,
¡¿CÓMO?!
¿¡NO TE IMPORTA QUE TE VIOLE!?
E-- ESO...
/// PUES
NO QUIERES, ¿VERDAD?
QUERÍA IRME PORQUE NO PUEDO CONTRO-LARME...
SHIN,
ESTE CAMBIO...

QUÉ RABIA.
¡FUERA DE MI VISTA!
¡¡TE PAGARÉ HASTA EL ÚLTIMO CÉNTIMO!!
¿¡POR QUÉ LLORO...!?
TE ODIO,
¡¡NO QUIERO VERTE NUNCA MÁS!!
¡¡DÉJALO YA!!

TOMP
GYU...
A SHIN LE DA IGUAL...
SARA-SA...
SIN EMBARGO...
Y PENSAR QUE ME GUSTABAS.
¡QUÉ TONTA!
LO OLVIDABA... VIENES DE ALLÍ.
DONDE UN BESO ES SÓLO UN SALUDO.
ENTONCES EL DE ANTES FUE SÓLO ESO, ¿NO?
¡NO DIGAS CHORRADAS!
¡ESE BESO FUE MUCHO MÁS QUE UN SALUDO!
¡SUÉLTAME! NO TE CREO.

TE DARÉ DINERO, NO TE PREOCUPES.
SHIN SE VA...
LO ESTABA DESEANDO...
PERO...
¿POR QUÉ ME SIENTO TAN TRISTE?
¡ESPERA!
¿¡POR QUÉ ERES TAN CRUEL!?
¿¡DISFRUTAS HACIÉNDOME SUFRIR!?
¿QUÉ?
¿YA NO QUIERES QUE ME VAYA?
NO TE ENTIENDO...
NO ES ESO PERO,
¿A DÓNDE VAS A IR?
QUIZÁ A AMÉRICA.

¡TOMA ESO!
ACASO...
¿NO SE DA CUENTA?
¿EH?
¿LAS MALETAS?
AH...
SERÁ MEJOR QUE ME VAYA.
CUANDO COMA.
¿QUÉ?
VIVIR AQUÍ...
ME AGOBIA.

TUTUM
TUTUM
¿QUÉ ES ESTO QUE SIENTO?
......
PERO...
TUTUM
VER TU CARA DE RECIÉN LEVANTADA DEPRIME A CUALQUIERA.
¡¡QUÉ HORROR!!
TENGO HAMBRE, HAZ LA COMIDA.
PIP
¿POR QUÉ ME TRATA ASÍ?
NO HE PEGADO OJO POR SU CULPA...

TUU TUM
TU TUM
TU TUM
TU TUM
TONTA.
NO TE ALTERES.
¡PERO BUENO!
¿¡ME VAS A DEJAR A MEDIAS!?

MI CUERPO...
AH...
SE PONE A CIEN...

¡EH!
¿QUÉ HACES!?
¡PARA!
QUÉ FUERZA,
NO PUEDO APARTARLO.
AHHHHY
¡...!
SU CALOR...
SUS SUSPI-ROS...
ME DEJAN SIN FUERZAS...

TU TUM
OYE... ESE AMIGO DEL QUE HABLABAS...
¿TE GUSTABA?
¿QUIÉN SABE?
AHHH...
¿FUE TU PRIMER AMOR?
AHHHH
¿Y A TI QUÉ TE IMPORTA?
APÁR-TATE...

HA HA HA HA HA HA
¡QUÉ CURIOSO!
A UN VIEJO AMIGO MÍO LE PASABA LO MISMO.
¡QUÉ RISA!
¡PARA YA, TONTA!
JAJA-JAJA
AUNQUE ES UN BORDE,
HUM
CUANDO PONE ESA CARITA...
AH~H
POR FIN LAS QUITÉ
JUH
¿¡DE QUÉ TE RÍES!?
FSSSS
ESTÁ TAN MONO.

ES COMO...
MI AMIGO DE LA INFANCIA...
"LAS PATATAS ME GUSTAN, PERO..."
"...NO CON CURRY"
NO SERÁ...
¿¡ES QUE NO TE GUSTAN LAS PATATAS CON CURRY!?
¡...!
HUMMM
HA HA HA HA

HUUUUM
OYE...
¿POR QUÉ APARTAS LAS PATATAS? ¿NO TE GUSTA LA VERDURA?
GRRRR...
NO.
¿CÓMO QUE NO?
PERO LOS PIMIENTOS Y LAS ZANAHORIAS SÍ TE LOS COMES...
ESTO...
ME RESULTA FAMILIAR...

……
¿ESA CHICA TE GUSTABA?
SÍ...
AÚN ME GUSTA.
FUMP
QUÉ RARO,
CONMIGO ES SUPER-BORDE.
VAMOS, COME.
CA-LLA-TE
……
¿POR QUÉ ME AFECTA?
HAM
QUÉ MÁS ME DA QUIÉN LE GUSTE.
HAM

JE
FRUSHH
¿QUÉ ES ESTO QUE SIENTO?
TU TUM
TU TUM
YO...
NO SABÍA QUE SHIN TUVIERA UN LADO TAN DULCE...

OYE, ¡LA COMIDA!
¡HAZ ALGO RICO! ¡PARA ESO TE PAGO!
SHOM
GRR
¿ACASO SOY SU CRIADA?
A LA CALLE
PÍRATE
CHOP
CHOP
CHOP
¡POLLO AL CURRY CON ARROZ!
ZANAHORIA
PATATA (GIGANTE)
POLLO
PIMIENTO
SHAN
EH,
¿POR QUÉ LO MEZCLAS?
MENUDA PORQUERÍA.
DÉJAME COMER EN PAZ, PLASTA.
GRRR
ME SACA DE QUICIO.
HA HA HA HA
¿EH...?
¡ME RECUERDAS A UNA AMIGA DE LA INFANCIA QUE HACÍA LO MISMO!

BAMM
¿SE TE VA LA PINZA O QUÉ!?
QUITA
ME VOY A DORMIR.
ESTÁ BIEN.
NO SÉ SI HACÍA LO CORRECTO...
FRU-SHH
TUTUM TUTUM
JOO...
UMM
PERO ASÍ EMPECÉ A CONVIVIR CON SHIN...

Y...
¿AHORA QUÉ?
PUES... PUES...
FLIP
FLIP
QUÉ CERCA...
VETE DE MI CASA.
¿SÍ?
YA QUE TE HAS GASTADO MI DINERO,
TENDRÁS QUE PAGÁRMELO EN CARNE, ¿NO?
KYAH
BRR
BRR

EN MENUDOS LÍOS ME METO...
¡¡QUE NI SE TE OCURRA CRUZAR ESTO!!
¿ENTENDIDO?
¡¡OYE!!
VAYA, ¿QUÉ PASA SI LO HAGO?
HE HE HE
¿CO... CÓMO DICES?
PLOF
KYAAA
FRUMP
¡TE HE DICHO QUE NO TE ACERQUES!

QUIEN CALLA, OTORGA.
ME REVIENTA QUE TENGA RAZÓN...
NO NECESITO TU MALDITO DINERO...
DING DONG
HOLA, TRAIGO SU COMPRA CONTRARE-EMBOLSO.
AHH
¿¡SERÁN LOS ZAPATOS!?
AHORRÉ TANTO PARA COMPRAR-LOS...
Y NO PUEDO DEVOL-VERLOS...
BRR BRR BRR
¿TIENE CAMBIO DE 10.000 YENES?
MUCHAS GRACIAS
JEJE
....
HASTA LUEGO.
TLAK
HE HE HE HE
AHH.

BLOOM
NO ME LLEVES LA CON-TRARIA.
SE HARÁ LO QUE YO DIGA Y PUNTO.
¿QUÉ...?
¿DE QUÉ VA?
ADEMÁS, ¿NO HABÍAS PERDIDO EL MONEDERO?
¿CÓMO PIENSAS VIVIR SIN DINERO?

TEN ESTO...
FLIP
MWAAAH
!!
QUE... QUE...
¡¡SON... 100 BILLETES DE...
10.000 YENES!!
KYAA
KYAA
¿ES QUE ESTÁ FORRADO?
ME QUEDO A VIVIR AQUÍ.
¿¡ESTÁS DE COÑA!?
¡NO ACEPTARÉ TU DINERO!
¿HABLA EN SERIO?
¿¡CÓMO!?

AL PRINCIPIO NO ME DI CUENTA.
SIENTO LAS MOLESTIAS.
ACABO DE VOLVER DE AMÉRICA Y NO TERMINO DE ACOSTUMBRARME.
TENÍA HAMBRE
QUÉ GUAPO. ♡
¿TE ENCUENTRAS MEJOR?
SÍ.
CÓMO ME ALEGRO.
AUNQUE LA COMIDA ERA PÉSIMA.
……
¡¡LO RETIRO!!
¿¡UN POCO DE TÉ!?
SPLASHH
ME LLAMO SHIN FUJIWARA. ¿Y TÚ?
SARASA SHINONOME.
YA...

PERO NO PUEDO DEJARLE ASÍ...
¡¡LE AYUDARÉ!!
¿PODRÁS CAMINAR HASTA MI CASA?
AH...
¿¡EH!?
TENGO...
GROWL...
...HAMBRE.
¿¡QUÉE EEE!?
ーロン茶
BIEN...
QUÉ LLENO ESTOY.

¿¡ESTÁ MUERTO!?
OH....
¿EH...?
LLAMARÉ A UNA AMBULANCIA.
MENOS MAL, RESPIRA.
FUP
FUP
......
LLEVO EL NÚMERO EN EL MONEDERO.
TUMP
¡NO!
¡NO PUEDE SER!
TUMP
TUMP
¡¡NO LO ENCUENTRO!!
NOOO—OO
¿QUÉ?
UH
¿¡QUÉ HAGO!? ¡¡DENTRO LLEVABA EL DINERO DEL MES!!
¡LO HE PERDIDO!

HACE DOS AÑOS MIS PADRES SE FUERON AL EXTRANJERO POR TRABAJO.
HOY LLEGAN LOS ZAPATOS QUE COMPRÉ EN LA TELE-TIENDA.
ME LLAMO SARASA SHINONOME, TNGO 17 AÑOS Y DECIDÍ QUEDARME EN JAPÓN Y VIVIR SOLA.
……
UN DÍA,
WUSSH...
ME PASÓ ALGO INCREÍBLE.

Money
マネー
コントロール
Money Control

PUEDE QUE NO SEA TAN ATREVIDA,
PERO NO DEJARÉ QUE MI OTRA YO ME GANE.
LE DIRÉ A ISATO LO QUE PIENSO.
PERO, CLARO, ME DA TANTO CORTE.
UHHHH
¿IMO-MO!?
¿EL SIGUIENTE LO ECHAS CONMIGO? ♡
¿¡QUÉ!?
WAH
JAJA...
AUNQUE ESTE AMOR TRAERÁ PROBLEMAS.

AH...
HAA HAA
HAA...
TE AMO.

ISATO...
ME GUSTAS TAL Y COMO ERES.
SÓLO TE QUIERO A TI.
¡SÍ...!
NO ME PONDRÉ NERVIOSA.

YO TAMBIÉN SE LO QUIERO DECIR.
VA-MOS...
¡ME... GUSTAS MUCHO, ISATO!
¡¡QUIERO QUE LO HAGAMOS!!
PERO SI VUELVES A CAMBIAR,
PARARÉ, ¿VALE?
¿EH?

MOMO.
BRRR
ME ALEGRA QUE ME LO HAYA DICHO.

AH
SNIFF
¿¡MO...
MO!?
SIENTO HABERME COMPORTADO ASÍ,
Y HABERTE PREOCUPADO TANTO.
AH...
ME HAS HECHO MUY FELIZ AL DECIRME QUE TE GUSTO ASÍ.
TÚ A MÍ TAMBIÉN.
M...

¿QUÉ TENGO QUE HACER... PARA RECUPERARTE?
MOMO...
TENGO QUE VOLVER.
AH...
NO AGUANTO VERLE SUFRIR.
¿SABES?
A MÍ TAMBIÉN ME GUSTAS TAL Y COMO ERES. ♡

クスッ
¿HAS TERMI- NADO?
HUM
BRRR

NO TE CREO.
MOMO, ¿ME OYES?
AUNQUE SEAS TÍMIDA Y LLORICA,
ME GUSTAS TAL Y COMO ERES.
ISATO...
QUIERO QUE VUELVA... LA MOMO DE SIEM-PRE.
PUEDE QUE A VECES SEAS DISPARATADA, PERO TE AMO.

¡AU!
OYE, ¡¡SUÉLTAME!!
PERO ¿¡QUÉ HACES!?
TUMPP
MOMO.
VUELVE A SER LA DE SIEMPRE,
MOMO.

FRU
PP
¡¡AY!!
LO SABÍA, TÚ NO ERES MOMO.

LA MOMO TÍMIDA NO VOLVERÁ.
!!
¡CÓMO TE ATREVES!
FRUM
DIME,
¿QUIERES PASAR UN BUEN RATO?
ESTAMOS SOLOS...
TUM
¿QUIE-RES?

NO...
¿QUIÉN ERES?
ME PRESENTO.
SOY EL ALTER EGO DE MOMO, NACIDA DE SUS DESEOS.
ELLA PIENSA QUE NO TE GUSTA...
TAL Y COMO ES.
¿NO LO RECUER-DAS?
DIJISTE QUE ME PREFERÍAS A MÍ.
"LA MOMO ATREVIDA ME GUSTA"
ESTÁ OBSESIO-NADA.
¿POR QUÉ...?
¡...!
¡NO QUERÍA DECIR ESO...!

¿EH?
HAA
WSHH...
WUP
¿¡MOMO!?

¿QUÉ SOY EN REA-LI-DAD...?
SNIFF
...
SNIF
ME ODIO.
BUENOS DÍAS.
HOLA
¿Y MOMO?
¿NO HA LLEGADO AÚN?
2-1
JA-JA-JA
Y LUEGO...
QUÉ VA.
HAA

FRUM
HUM...
¿LE GUSTAN LAS CHICAS FÁCILES?
¿¡MOMO!?
TAP
BLAM
!?
SEGURO QUE NO LE GUSTA LA MOMO TÍMIDA,

SNIFF
SIGH...
¡TRAN-QUILA!
PAT
SEAS COMO SEAS, ME GUSTAS.
DA IGUAL QUE SEAS TÍMIDA,
O ATREVIDA.
ME GUSTAS.
TRANQUILA.
¿¡LE GUSTO ASÍ!?

WU—MM
OTRA VEZ LO MISMO...
¿POR QUÉ?
¿¡ES QUE AÚN TENGO ALCOHOL EN LA SANGRE!?
¿¡SOY ALCOHÓLICA!?
¿¡QUÉ LE PASA A MI CUERPO!?
......
QUÉ FIERA, PARECE OTRA.
ES VERDAD
KUISH
¿¡QUÉ ME ESTÁ PASANDO!?
PUES...
QUÉ SEXY,
TE PONES COMO LOCA CUANDO LO HACEMOS...
WUP WUP
BOO—OM
ESA NO ERA YO.
¿¡ME ODIAS...!?
BRR
BRR
BRR

HUMM
OTRA VEZ MI CUERPO...
KYA—AH
TU TUM TUM...
OH.

TU TUM
OH...
SLURP
NO... ¿¡POR QUÉ!?
¿...MO... MO...?
FLIP
¿NO TE GUSTA?

HACÍA TIEMPO QUE QUERÍA QUE PASARA...
BWSHH
TUM TUM
SI QUIERES... PODEMOS REPETIR.
WHUM
TUMP
¿EH?
¿¡AQUÍ!?
COMO ESTA VEZ NO HAS BEBIDO, NO HAY NADA QUE TEMER.
TUVO QUE SER EL ALCOHOL.
ENTONCES...
FRUP
TENGO QUE HACERLO LO MEJOR POSIBLE.
TU TUM
TU TUM
TU TUM
AH...
TU TUM
¡¡LO MEJOR POSIBLE!!
TU TUM
TU TUM
WIS
...
MOMO...
SHOM
!!

ESO SIGNI-FICA...
¿QUE TIENES DOBLE PERSONA-LIDAD...?
NO LO SÉ, PERO...
LO SIENTO.
ISATO,
¿PERO RECUERDAS LO QUE PASÓ?
SÍ...
¿ES QUE NO QUERÍAS HACERLO CONMIGO?
¡NO ES ESO!

CREÍ QUE SENTÍAS LO MISMO QUE YO...
EH...
AH...
NO PUEDE SER...
¿QUÉ HAGO?
FRUSH
TLAK
MI CUERPO, NO OBEDECÍA A MI VOLUNTAD.
MIENTRAS LO HACÍAMOS, SENTÍ COMO SI ALGO ME DOMINARA.
COMO ESTABAS DISFRUTANDO,
NO... NO TE DIJE NADA...

AQUEL CÓCTEL SE ME SUBIÓ A LA CABEZA....
UH~H
NO QUIERO EVITAR A ISATO.
MOMO.
WAAAH
¡DIOS! ES ÉL.
biblioteca
¿POR QUÉ ME EVITAS?
¿NO TE GUSTÓ LO DEL OTRO DÍA?
TU TUM
NO ES ESO...
¿¡QUÉ LE DIGO!?

LA QUE SE HA ACOSTADO CON ISATO NO ERA YO.
HOY ESTOY LIBRE,
¿COMEMOS JUNTOS?
¡MOMO!
FIUN——N
MOMO
EH——H
¿OS HABÉIS PELEADO?
¿POR QUÉ LO EVITO?
ME SIENTO TAN MAL.
AL DÍA SIGUIENTE
TAP
EY.
WHIP
...
DÍAS MÁS TARDE
TAP TAP TAP
MOMO
OTRO DÍA
¿¡QUÉ HAGO!?

UH—
—...
¡UNA EXTRAÑA FUERZA ME DOMINABA!
ME HA ENCANTADO...
WAA—AH...
¿CÓMO HE PODIDO?
MI CUERPO HA ACTUADO EN CONTRA DE MI VOLUNTAD.
MOMO.
KUM
¿Y A TI?
TAM-BIÉN...
NO PUEDO DECÍRSELO...

TU
TUM
MO-
MO...
MHH...
NOOO,
¿¡PERO QUÉ
HE HECHO!?

¿LO HACE-MOS?
¿¡PERO QUÉ ESTOY DICIENDO!?
VEN. ♡
TU TUM
¿QUÉ HAGO?
¡¡MI CUERPO ACTÚA POR SÍ SOLO!!

HUAA
UM
OH
AH... UHM
UM
HA
OH
¿QUÉ ME PASA!?
TU TUM
FUM
FUM
FRUM
HAA
MOMO... ¿ESTÁS BIEN?
TUP

MOMO SHIRAMINE (17 AÑOS) ¡¡ME CONVERTIRÉ EN UNA MUJER!!
GLU GLU
INESPERADAMENTE... MI CUERPO...
GLU GLU
NGH
¿QUÉ ME PASA...?
¿¡MOMO!?
QUÉ MAREO.
POWN
¿¡ESTÁS BIEN!?
¿¡UHM!?
¿QUÉ...?

¡NO ES ESO!
ESTO
¡NO...!
PUES
¡¡ME MUERO POR UN BESO!!
PERO NO ME ATREVO.
¿¡QUÉ HAGO!?
UOOO~~H
FSST
AHORA QUE CAIGO, LEÍ EN UNA REVISTA...
"LAS CHICAS TÍMIDAS ABURREN A LOS HOMBRES".
特集
Aさんの場合
WA——AH
¡NO PUEDE SER!
MOMO, ¿QUIERES?
CÓCTEL DULCE.
¡¡TENGO QUE HACER ALGO!!
¡¡SÍ!!
CON TRANQUILIDAD...

ASÍ QUE LLEVAMOS 3 MESES JUNTOS.
MOMO...
POR FIN... ¡¡EL PRIMER BESO!!
TU TUM
¡...!
TU TUM
TU TUM
¿QUÉ HAGO? ESTOY COMO UN FLAN.
TU TUM
MMH
TU TUM
...
TU TUM
MMH
NO TE AHOGUES.
¡¡AY!!
PAAF

ISATO YUSAMURA ES UN AS DEL BALONCESTO.
SOLÍA DEJARLE REGALOS ANÓNIMOS EN SU BOLSO.
"SABÍA QUE ERAS TÚ LA DE LOS REGALOS."
"¿QUIERES SALIR CONMIGO?"
COMO EN UN MILAGRO, SE ME DECLARÓ.

DIABLILLA PELIGROSA

小悪魔☆パニック

小悪魔★パニック
KEEP OUT
KEEP OUT

感じる すぺしゃる オーダー

PLACER A LA CARTA

PLACER A LA CARTA: Fin

TRANQUILO.
FRUP
NO TE PONGAS CELOSO AHORA.
¡NO LO ESTOY!
SÓLO TENGO OJOS PARA TI. ♡
HUM
TONTA... ¡NO DIGAS ESO EN EL TRABAJO!
VAYA PAR... VAMOS A ABRIR.
VA-LE.
¿TE DA CORTE? ♡
¡¡CA-LLA-TE!!
TAPTAPTAP
ME ESPERA UN DURO TRABAJO.
¡VAMOS, A CURRAR!
PERO NADA CAMBIARÁ LO QUE SIENTO POR TI.

¡¡MIRAD ESTO!!
PAF
PAF
¡¡EN SÓLO DOS DÍAS, REI HA LOGRADO UN MONTÓN DE RESERVAS!!
LES GUSTAS A LOS CLIENTES.
NO PODEMOS PERDER UNA CAMARERA TAN EFICAZ.
!
A VER...
ES VERDAD
CONTRATADA. ♡
PERÍODO DE PRUEBA SUPERADO.
PAT
BI-- BIEN...
!!
ENSÉ-ÑAME-LO
A VER A VER
MENOS MAL... AUNQUE...
AÚN ESTOY MUY VERDE...
VOY A PREPARAR UNAS MESAS.
¡SUO! AHORA PODEMOS ESTAR SIEMPRE JUNTOS...
SON TODOS CHICOS...
GRRR
¡¡BUSCA CLIENTAS!!
¿¡EH!?
¡CARAMBA!

EHH
OH, SI LO DICES POR LA HERIDA...
ES UNO DE LOS AVATARES DE SER PADRE.
¿QUÉ ESTÁ PASANDO?
HA HA HA HA HA HA HA HA HA HA HA HA HA HA HA HA HA HA
ENTONCES, ¡¿BESASTE A REI PARA PICARME!?
¡¿QUÉ!?
QUIÉN SABE...
¡¿CÓMO!?
UH—H
COMO TE COJA.
¡¡TRANQUI!!
HE?
ES MUY MONA, PERO NO ES MI TIPO.
AUNQUE SI TE DESCUIDAS, ME LA LIGO.
TU TUM
¿EH...?

TU TUM
AH...
......
ES VERDAD...
¿POR QUÉ ME BESÓ EL ENCARGADO?
¿TAL VEZ PORQUE LE GUSTO?
¡NO PUEDE SER!
¡¡AHORA SUO ES MI NOVIO!!
ESTO...
LO SIENTO MUCHÍSIMO, ENCARGADO.
!!
¿¡SUO!?
¿A QUÉ SE REFIERE?
SONRIENTE♥

WAAAH!!
¡¡ES SUPER-TARDE!!
MMM, LOS DOS LLEGAN TARDE.
POR FIN.
UHH
UHH
¡LO SIENTO MUCHO!
PARECE QUE HOY ES UN DÍA IMPORTANTE...
¡¡YA OS VALE!!
¿EH?
SÍ, HEMOS PASADO LA NOCHE JUNTOS. ♡
AH SÍ...
¡¡CALLA, IDIOTA!!
¿POR QUÉ? ♡
JE...
JU...
JO...
FELICIDADES, PAREJITA...
TAP
BLA BLA
DEJAD DE ALBOROTAR, TENEMOS REUNIÓN.

¡DESPIERTA, REI!
HOY EL ENCARGADO DECIDE SI TE CONTRATA, ¿NO?
¡¡YA ES TARDE!!
HUMM
Himawari Kan
AHHH...
BUENOS DÍAS, SHO. ♡
WII——IH
ARRÉGLATE YA.
TIENE QUE SENTIR ALGO POR MÍ.
COMPROBADO. ♡
AY ~~ ♡
HE PASADO LA NOCHE CON ÉL.
¿UHM?

NO TE
DEJARÉ
ESCAPAR.
HAZTE A LA
IDEA, SUO.
♡

WUIP
¿REI?
YO... SIENTO LO MISMO.
TAL VEZ NO ESTEMOS PREDESTI-NADOS,
A VECES ERES FRÍO,
PERO TIENES UN LADO DULCE.
Y ES ESA PARTE DE TI...
LA QUE ME ENCANTA.

SU CORAZÓN LATE FUERTE...
¡MM...!
FIP
WHUM
TUM
WHUM
WHUM
SOLO TÚ ME HACES SENTIR ASÍ.

¡...!
SU...Ô...
QUIERO ESTAR SIEMPRE CONTIGO.

EL CALOR DE SU CUERPO...
SUS SUSPIROS,
Y SU PELO HÚMEDO.
TU TUM
AHHH
MHHHH
EH

¡AH...!

SI ESTO NO ES UN SUEÑO...
¡OH!
QUIERO QUE ME HAGAS TUYA.
ME HA TRAÍDO A SU HABITACIÓN...
PORQUE SIENTE ALGO ESPECIAL.
LA PRUEBA DE FUEGO SERÁ LA FUSIÓN DE NUESTROS CUERPOS.
NO TE DESMAYES...

NO ES UN SUEÑO.
AH...
SUO...
PÍDEME LO QUE QUIERAS,
Y TE COMPLACERÉ CON MI MEJOR SERVICIO.

HE SOÑADO TANTO CON ESAS PALABRAS.

NO.
NO...
......
¿REI?
¿¡POR QUÉ LLORAS!?
SNIFF
POR-QUE...
SNIFF
ES INCREÍBLE.
ME HACES TAN FELIZ...
ES COMO UN SUEÑO...

QUIERO SER EL ÚNICO HOMBRE...
QUE VIVA CONTIGO LA ETERNIDAD.

ME GUSTAS.
MEN-TIRA.
¿POR QUÉ TE PONES ASÍ?
TOIN
ES VERDAD QUE ESTÁS UN POCO CHIFLADA,
TOING
PERO CUANDO SONRÍES ME HACES MUY FELIZ.
Y MI CORAZÓN SE LLENA DE TI.
NO PUEDO DEJAR DE PENSAR EN TI.
TU TUM
TU TUM
¿SERÁ VERDAD?
TU TUM
¿DEBO CREERLE?

¿SABES A QUÉ ME REFIERO?
TU TUM
¿EH?
ENTONCES... ¿¡SOY LA PRIMERA!?
OH...
ES INCREÍBLE...
ES LA PRIMERA VEZ QUE...
SIENTO ESTO POR ALGUIEN,
ASÍ QUE NO SÉ SI SERÉ CAPAZ DE EXPRESARLO CON PALABRAS.

TLANK
¿ESTA ES...
SU HABITA-CIÓN?
NUNCA HE TRAÍDO A NADIE AQUÍ.
NI SIQUIERA A MIS CLIENTAS.

ESE ES MI PASADO...
HUM
Y DESPUÉS...
JA JA
¡AH!
¡AU!
¿¡A DÓNDE ME LLEVAS!?
¡SUÔ...!
¿¡SUO!?

NO TE SOLTARÉ.
SUS PALABRAS ME CONSUELAN...
TU TUM
¿NO ME ODIAS?
¿POR QUÉ?
POR-QUE...
NO LE DES MÁS VUELTAS.
PERO...
NO QUIERO QUE PIENSES MAL.
TU TUM
ME QUEDÉ HUÉRFANO A LOS 10 AÑOS,
MI TÍO SE OCUPÓ DE MÍ... Y LUEGO EL ENCARGADO DE LA MANSIÓN,
LO HE PASADO MUY MAL Y ME HE SENTIDO MUY SOLO...

SUO...
ESTÁS HELADA.
SUÉLTAME, POR FAVOR.
NO QUIERO QUE ME VEA LLORANDO.
FU
SSH

WAACHU
ATCHU
YAAHHH... ACHUUU
HE OLVIDADO EL ABRIGO Y SÓLO LLEVO EL UNIFORME...
BRR
BRR
¿¡AH!?
SÉ QUE ES ÉL, AUNQUE NO LO VEA.
SU CALOR.

LÓGICO.
LE DIGO QUE ME GUSTA Y JUSTO DESPUÉS...
SNIF...
ME VE MORREARME CON OTRO.
SEGURO QUE ME ODIA.
¡...!

NO DEJARÉ QUE NADIE LE PONGA UN DEDO ENCIMA.
TLANK
POR FIN REACCIONA.
QUÉ LENTO.
HUMF
SUO... NO ME SIGUE.

ESA CHICA TIENE MORBO.
ESTÁ EMPEZANDO A INTERE-SARME.
!
NO ES QUE ME GUSTE,
PERO SERÍA UNA PENA QUE ACABARA CONTIGO.
"SUO".
ME DA IGUAL LO QUE DIGA.

¿AHORA QUÉ HAGO?
NOS HA PILLADO BESÁNDO-NOS.
¿QUÉ VOY A HACER?
¿¡REI!?

さい しゅう わ
最終話
Capítulo 3

感じるすぺしゃるオーダー

PLACER A LA CARTA

SUO.
TU TUM...

MIS FUER-ZAS...
VAYA.
HA AH
¿SEGURO QUE SUO ES EL ÚNICO QUE TE PONE?
¿POR QUÉ YO...?
¡HA!
TUM

FRUP
¿¡ENCARGADO!?
¡UM!
QUÉ FUERZA.
NO PUEDO SOLTARME.
HAAAM
UFF...
UNN...
HUUM!!...

......
¿POR QUÉ TE DISCULPAS?
TU TUM
EH... PUES...
SH OM

CLOSE
HUMM
HE VUELTO A CUMPLIR EL OBJETIVO...
Y HE ATENDIDO FUERA.
REI,
VEN UN MOMENTO.
HE
VEN VEN
!
¿¡QUÉ!?
¿¡POR QUÉ ME LLAMA!?
......
¿¡SABE QUE HE DISCUTIDO CON LA PRINCESA!?
ESTO... ¡LO SIENTO MUCHO!

¿ESTABAS ESCUCHANDO?
PARECE UNA CHICA INTERESANTE.
¿QUÉ VAS A HACER CON ELLA?
ABSOLU-TAMENTE NADA.
AHHH, CLARO.
PIENSA QUE ESTÁIS PREDESTI-NADOS,
¿QUIERES QUE LO COM-PROBEMOS?

AUN ASÍ,
ME VOY AL TRABAJO.
LE QUIERO.
TAP TAP TAP TAP TAP TAP
TLANK
TE HA HECHO EL HOMBRE MÁS FELIZ DEL MUNDO, ¿EH?
!
¿¡ENCARGADO!?
BONITA DECLARACIÓN DE AMOR.

¿SERÁ VERDAD?
SUO QUIERE ESTAR CONMIGO PARA SIEMPRE.
ESO ES LO QUE SIENTE...
AH.
AH...
UHH
¡...!
UHH
ENSEGUIDA TE PONES A TONO...
PAT PAT
VENGA, ¡A TRABAJAR!
AY
¿POR QUÉ HACES ESO?
TONTA
HE
SUO ME HACE RABIAR TODO EL TIEMPO.

ENTON-
CES...
FRUSSH
FRUMP
TU-TUM
TU-TUM
TU-TUM
TU-TUM
¡...!

TU TUM
TU TUM
TU TUM
¿¡SUO!?
ESTO... SUO...
TU TUM
TU TUM
SIEMPRE METES LA PATA.
TU TUM
PERO PARA QUE NO VUELVA A PASAR,
TE VIGILARÉ...
SIEMPRE.

¡TENGO QUE VOLVER AL TRA-BAJO!
YA RECOJO YO ESTO.
¡AY!
CRASH
CRASH

POOOON
¿QUÉ TE PASA?
ESTABA HARTA, PERO NO DEBO HABLARLE ASÍ A LAS CLIENTAS.
AÚN ME QUEDA MUCHO POR APRENDER.
ANTES QUE CAMARERA, ERES HUMANA,
ASÍ QUE HAS HECHO LO CO-RRECTO.
¡TENGO QUE PONERME LAS PILAS!
MEJO-RARÉ.
¡¡YA LO VERÁS!!

FLUSH
SUO.
¡VALE! ME LARGO.
LA ACOMPAÑO A LA PUERTA.
WOSH
¡NO HACE FALTA!
TAP TAP
……
PAT PAT
OYE... ¿ESTÁS ENFADADO?
QUÉ VA. SI YA ESTABA CANSADO DE ELLA.
HE HE
ES UNA MALCRIADA.

!!
¡DISCÚLPATE AHORA MISMO!
SEÑORITA TOKIKO, DÉJELA EN PAZ.
SÓLO LLEVA AQUÍ TRES DÍAS,
PERO NO PERMITIRÉ QUE LE HAGA DAÑO.

Y DIGAN LO QUE DIGAN,
MIS SENTIMIENTOS NO CAMBIARÁN.
¡¡PORQUE LE AMO!!
¡ME ALEGRO DE HABER ENCONTRADO...
A MI MEDIA NARANJA!
QUÉ CURSI.
¿SABES CON QUIÉN ESTÁS HABLANDO?
MALE-DUCA-DA.

SUELE OCURRIR CON ALGUIEN AMABLE E INTELIGENTE...
Y SI SENTIMOS QUE ESTAMOS HECHOS EL UNO PARA EL OTRO.
PERDONE QUE LE DIGA.
CUANDO ALGUIEN NOS GUSTA, NUESTRAS CÉLULAS REACCIONAN Y SENTIMOS PLACER.
¡NO SE LO CONSENTIRÉ!
ASÍ QUE NO ME IMPORTA QUE SUO PASE DE MÍ.

PARECÍAS UN ANIMAL EN CELO.
¿QUÉ?
¿TE COMPORTAS ASÍ CON TODOS?
MENUDA GUARRA.
REI, VUELVE A LA PLANTA BAJA.
TAP

MI CUERPO ARDE,
Y ME DERRITO...
......
¡BASTA! QUÉ EMPALAGOSOS.
PERO...
AH
LO SIENTO.
CUANDO TE HA TOCADO...
SE HAN DESPERTADO TUS BAJOS INSTINTOS, ¿A QUÉ SÍ?

...NO...
CUANDO SUO ME MIRA ASÍ,
SE ENCIENDE UNA LLAMA.

FUS
FUS
FRUSH
LAS CARICIAS DE SUO,
FRUSH
...PERO
ME PONEN A MIL POR HORA...
TU TUM
Y PIERDO LA RAZÓN.
TU TUM
SU... O.

PERO SEÑORITA, ESO...
¿OSAS NEGARTE?
SI NO COMPLACES AL CLIENTE, SE ACABA EL NEGOCIO.
......
¿¡DE QUÉ ME CONOCE!?
¡TENGO QUE CONTRO-LARME!
PICK
AH
ESTOY EN EL TRABAJO.

TÚ DEBES DE SER LA FAMOSA CAMARERA.
SOY REI, ENCANTADA DE CONOCERLA.
RELÁJATE.
SIÉNTATE AQUÍ.
SÍ.
QUÉ AMABLE PARECE.
AQUÍ ESTÁ SU COMANDA.
WINKK
JA
EMPECEMOS,
SUO, TÓCALA.
¿EH?
SHOM

¿PUEDES LLEVAR ESTO A LA HABITACIÓN?
¿QUIÉN? ¿YO?
ES LA COMANDA DE LA PRINCESA.
...
TU TUM TU TUM
¿ALGÚN PROBLEMA?
NINGUNO.
ENTONCES, VENGA.
BLA BLA
CON PERMISO.
GLUP...
ES AQUÍ...

¿EH? ¿¡QUÉ HABITACIÓN!?
AH,
ES LA HABITACIÓN SECRETA DE LA QUE HABLAN LAS CLIENTAS.
¿¡QUÉ!?
DICEN QUE LA CREÓ LA PRINCESA PARA ESTAR A SOLAS CON SUO.
!!?
NO TENEMOS NI IDEA DE LO QUE PASA AHÍ DENTRO.
NO...
NO QUIERO NI PENSAR QUE SUO ESTÁ A SOLAS CON OTRA.
¡DISFRUTE DEL TÉ!
EY, DICEN QUE LA HABITACIÓN SECRETA ESTÁ OCUPADA.
CON RAZÓN NO VEO A SUO POR AQUÍ.
¡QUÉ ENVIDIA!
AH...
ME HIERVE LA SANGRE...
NGHT
NGHT
REI.

ESTA MUJER ES...
GRACIAS POR ACOGERME.
ESPERO DISFRUTAR TANTO COMO DE COSTUMBRE.
VAYA, ES GUAPÍSIMA...
GRACIAS POR ELEGIRME DE NUEVO, SEÑORITA.
SERÁ UN PLACER.
LO SABÍA, SE QUEDA CON SUO.
NO HAY NADIE COMO ÉL...
PERO AÚN ASÍ...
NO MIRES, NO MIRES, TRABAJA.
JOJO
VAMOS A LA HABITACIÓN.
¿¡QUÉ?!

EH... ¿PRINCESA?
ES UNA CLIENTA VIP DE LA MANSIÓN.
CUANDO ABRIMOS HIMAWARI,
NOS APOYÓ EN TODO MOMENTO.
DE NO SER POR ELLA, NO ESTARÍAMOS AQUÍ AHORA.
Y VIENE TODOS LOS SÁBADOS A LAS 10.
VAYA.
¿CÓMO SERÁ?
SEÑORITA TOKIKO HOJO, LA ESPERÁBAMOS.

¿ACASO...
SIENTE ALGO POR MÍ?
VAYA DOS, ¿YA ESTÁIS LIADOS?
TU TUM
LO DE AYER FUE DE LO MÁS SOSPECHOSO.
WAAH WAAH
¡NO ES ESO!!
NO SEAS TÍMIDO, SUO.
CA-LLA-TE
HEH
OJALÁ LE ENDULCE EL CORAZÓN...
AUNQUE HOY VIENE "LA PRINCESA".
ELLA NO LES DEJARÁ...
......
SUO, LA PRINCESA LLEGARÁ ENSEGUIDA.
PREPÁRATE.
?
YA VOY.

REI, ¿ESTÁS BIEN!?
EN CUANTO SUO TOCA MI CUERPO...
......
FRUP
...AY.
SUO...
MMMHH...
¡TRANQUILA, TONTA!
¿POR QUÉ ACTÚA ASÍ...?

AH...
MM.
CRASH
L--LO SIENTO MUCHO.
¡QUÉ TORPE SOY!
AHH
PROMETÍ QUE NO ME PASARÍA MÁS EN EL TRABAJO...
¡¡AY!!
REI, ¿¡ESTÁS BIEN!?
PERO, ¿QUÉ HACES?

SEGUNDO DÍA EN HIMAWARI.
OH.
PARECE QUE LE HAS COGIDO EL TRUCO AL TÉ.
......
AHORA AL MENOS SE PUEDE TRAGAR.
AAHH
¡¿DE VERDAD!?
HE ESTADO PRACTICANDO EN CASA.
ME ESTOY ESFORZANDO POR SUO.

第2話
だい わ
Capítulo 2

感じるすぺしゃるオーダー

PLACER A LA CARTA

VEN AQUÍ,
O TE DEJARÉ SOLA.
VALE.
HA SIDO UN DÍA MUY INTENSO,
Y MIS SENTIMIENTOS POR SUO HAN CRECIDO.
TENGO QUE HACER QUE ME QUIERA,
PARA QUE ME DÉ SU "SERVICIO ESPECIAL". ♡
PERO NO DEJA DE TORTURARME.
MUP
FUM
FRUSH
FRUSH
AH...
¡¡NO OO!! ♡

TUP
SOBA SOBA
SA
FRUP
FRUMP
AH...
¡AH!
PF
OH, NO, ¡SE VA A ENFADAR!
¡UPS!
TE CALIENTAS CON NADA.
TU TUM
AH...
HUM
BU, BUENO...

ES QUE... A TU LADO MI CUERPO...
SE ACELERA Y NO PUEDO CONTROLARLO.
WOSHHH
!!
¡NO TE ACERQUES, POR FAVOR!
O ME DARÁ UN SUBIDÓN.
WAAH—H
NO...
TONTA,
SI YA ESTÁS ASÍ, ¿QUÉ HARÁS CUANDO SEAMOS NOVIOS?
E, ENTONCES... AGUANTARÉ.
¿¡QUIERE DECIR QUE SOMOS NOVIOS!?

QUE TE LLEVO A CASA.
HA AH
AHORA VUELVO. ♡
JUH
......
¿EN-CARGA-DO?
ENTRE ESTOS DOS HAY ALGO,
SUO PONE DEMASIADO INTERÉS.
HEH
...PERO LA "PRINCESA" NO LO PERMITIRÁ.
......
EY,
¿POR QUÉ ESTÁS A TANTA DISTANCIA?
¿¡NO QUIERES QUE TE ACOMPAÑE!?

ENTON-
CES...
¿YO TAM-
BIÉN ME
QUEDO?
YO TAMBIÉN
TRABAJO AQUÍ.
DE SER ASÍ,
PODRÍA
PASAR MÁS
TIEMPO
CON SUO...
NO.
TODAVÍA NO
ERES DE LOS
NUESTROS.
VETE.
NG
Y
VE A
CAMBIARTE.
¿EH?...
EA EA
SNIF SNIF
JO,
MENUDO
CORTE.
Y YO QUE
PENSABA
QUE ERA
UNA MÁS...

¿¡DE VERDAD!?
TUMP
Y TÚ LE HAS ECHADO UN CABLE, ¿EH? ♡
YO NO HE HECHO NADA...
¿Y ENTONCES POR QUÉ TE PONES NERVIOSO?
NO LO ESTOY.
BUENO, VALE.
SIGUE ASÍ, REI.
SÍIII. ♡
PARECE QUE HA SIDO BUENA IDEA CONTRATAR A UNA CAMARERA.
¡TIENES RAZÓN!
ME GUSTÓ LO DEL PAÑO.
MUCHÍSIMAS GRACIAS.
ÁNIMO.
BUENO, NOS VAMOS A LA HABITACIÓN.
¿EH?... ¿A LA HABITACIÓN?
AH...
LA MANSIÓN HIMAWARI TAMBIÉN ES NUESTRA CASA.

CLOSE
HASTA LUEGO, SEÑORITA.
POR FIN...
POF
SE ACABÓ EL PRIMER DÍA...
PLAF...
REI
MUY BIEN, LO HAS HECHO ESTUPENDAMENTE, REI.
HA HA
¡¡BUENAS TARDES, ENCARGADO!!
BUENAS TARDES.
HOLA, ¿QUÉ TAL?
CLAP CLAP
SI LA COSA SIGUE ASÍ, SUPERARÁS LA PRUEBA.
¡¡ENCARGADO!!

YA.
¿LE DA CORTE? ¡QUÉ MONO!
ME PREGUNTO SI SUO... VALORARÁ MI ESFUERZO.
SEGURO QUE SÍ.
LE AMO.
QUIERO QUE ME CONSIDERE ESPECIAL,
Y ESTAR JUNTO A ÉL PARA SIEMPRE.
......

YO ASUMO... TODA RESPONSA-BILIDAD.
ELLA NO HA HECHO NADA, ASÍ QUE LE RUEGO QUE NO SE ENFADE CON ELLA.
LO... LO SIENTO MUCHO, NO DEBÍ DECIR ESO...
VENGA CONMIGO, LE PREPARARÉ UN TÉ.
SÍ...
SUO...
OYE... MUCHAS GRACIAS, SUO.
NO LO HE HECHO PARA AYUDARTE.
PE-RO...
ME HAS SALVADO.
Y ME HAS DADO FUERZAS PARA CON-TINUAR.

SEÑO-
RITA.
SUO...
FRUSH...
LAS CAMARERAS SON MÁS DETALLISTAS.
ADE-
MÁS,
EL QUE LE ATIENDA UN HOMBRE O UNA MUJER ES LO DE MENOS.
SI ALGO LE HA MOLESTADO, DISCÚLPENOS.
ES CULPA NUESTRA POR NO ACTUAR CON PROFESIO-
NALIDAD.

¿CÓMO?
¿PERO POR QUÉ?
DISCULPAD, PERO PREFIERO IRME.
NO,
¡¡POR FAVOR ESPERE!!
TSST
AÚN QUEDA SITIO.
POR FAVOR, PASE.
¿VALE?
¿PERO QUÉ HACES? ¡SUÉLTAME!
AH
HE VENIDO A QUE ME ATIENDA ALGÚN CHICO GUAPO.
¡LAS TÍAS COMO TÚ ME PONÉIS DE MAL HUMOR! NO PIENSO VOLVER MÁS.
NO...
FIP

QUÉ DETALLISTA, SE NOTA QUE ES UNA CHICA, ¿EH?
SIGH—T
ME HACE TAN FELIZ...
OIGA, POR FAVOR.
¡¡SÍ!! YA VOY.
....
BIENVENIDA A LA MANSIÓN HIMAWARI,
PASE POR FAVOR.
¿LE GUAR-DO SU CHA-QUETA?
......
GIRO
¿EH?
VAYA, PARECE QUE HA BAJADO LA CALIDAD DEL SERVICIO.

......
AH... GRACIAS.
TENGA.
TOMA.
FUP
TUP
TEN. ♡
CHICOS, ¿PASA ALGO?
NGH

HAA HAA
HAA HAA
NO PUEDO SEGUIR ASÍ.
PAF PAF
SI NO MEJORO,
TOMO NOTA.
NO PODRÉ ESTAR...
CERCA DE SUO.
OYE, SUO.
TEN, UN PAÑO FRIO.
SEÑO-RITA,
PERMÍTAME QUE CAMBIE SU TAZA DE TÉ FRÍO POR UNA CALIENTE.

ME ESFORZARÉ AL MÁXIMO...
PARA QUE ESTÉ A MI LADO Y ME ACEPTE.
OH.
INTENTA-RÉ SER ESPECIAL PARA ÉL.
TLANK
FLIP

SÓLO SUO ME HACE SENTIR...
TANTA DULZURA.
NO ES NINGÚN JUEGO.
TU TUM
ASÍ QUE...

ESA MIRADA.
FRUP
AHHH HH....
MMMMM
FRUSHH
VALE,
BRR
BRR
NO ME RENDIRÉ.

AY...
TE, TENGO QUE CONTROLARME...
¿QUÉ TAL?
COMO PROFESIONALES, NOS ENORGULLECEMOS DE OFRECER UN SERVICIO DE LO MÁS EXCELENTE.
TU TUM
PERO SI HAS VENIDO A COQUETEAR CON EL PERSONAL,
O ESTÁS AQUÍ POR RAZONES PERSONALES, ESTORBAS.
¡SI NO TE LO VAS A TOMAR EN SERIO, RENUNCIA!
¡¡TE DARÉ LO QUE BUSCAS, Y ENTONCES TE LARGAS!! ¿ENTENDIDO?

LO, LO SIENTO,
ME CONTROLARÉ.
QUÉ HAGO, QUÉ HAGO...
HEH
¿AH, SÍ...?
SH
FRU
¿ESTÁS SEGURA?
SÍ... ¡SÍ!
AH.
AH.

FSSSSS
A VER...
FLIP...
AH...
PUSHH
HYRAASH
¡NOO OOO!
UWA—H
¿CÓMO PIENSAS TRABAJAR SI AL MÍNIMO ROCE TE PONES AL ROJO VIVO?

MAR-
CHANDO.
ESTÁ ATENDIENDO UNA MESA.
SE HA HECHO UNA FALDA CON EL DELANTAL
QUÉ GUAPA
....
VAYA... NO ES TAN TONTA COMO PARECE.

¿HABÉIS VISTO A REI?
NO LA ENCUENTRO.
SEGURO QUE NO LE HA GUSTADO EL TRABAJO Y SE HA PIRADO YA.
MIRA QUE ERES BORDE, SUO
IMBÉCIL, ¿QUÉ LE HAS HECHO?
¿QUÉ INSINÚAS, MAKOTO?
CÁLLATE
GRRRRR
CHICOS, ¿POR QUÉ NO VAIS A ATENDER A ESAS CLIENTAS?
¿PERO DE VERDAD SE HA IDO?
QUÉ PENA...
SIÉNTENSE DONDE ESTÉN CÓMODAS.
TAP
TAP
TAP
QUÉ... ¿QUÉ DIABLOS?

SI SUPIERA CUÁNTO ME ESFUERZO,
NO ME TRATARÍA TAN MAL.
¿¡QUÉEE!? NO ME DA LA GANA QUE ME SIRVA UNA CHICA.
¡¡APARTA!!
SOLO VIENEN CLIENTAS.
SÍGANME
¿NOS SENTAMOS ALLÍ?
¡¡Y NINGUNA QUIERE QUE LA ATIENDA!!
NO PUEDO SEGUIR ASÍ.
SUO...
¡TENGO QUE HACER ALGO!

¡AY!
ESTE TRABAJO NO ES NINGÚN JUEGO,
PERO SÓLO HOY TE AYUDARÉ, LUEGO ME DEJARÁS EN PAZ.
QUÉ DIFERENTE DE CUANDO VINE COMO CLIENTA.
NO... ¡¡ESO NO!!
ME LO TOMO EN SERIO.
Y AUNQUE ME ODIES, NO ME IRÉ.

……
¿QUÉ TAL LE IRÁ...?
ME PREGUNTO SI ESTARÁ BIEN...
AL DÍA SIGUIENTE...
¡BIEN!
YA SÉ CÓMO TRATAR A LOS CLIENTES.
TENGO QUE GANAR 100 MIL CUANTO ANTES.
ESPERO NO LIARLA…
TU TUM
TU TUM
INEXPERTA EN ATENCIÓN AL CLIENTE.
VAYA,
YA SABÍA QUE ESTARÍAS AQUÍ.
SUO.

¡¡CHU-
PADO!!
¡¡ME PARECE BIEN!!
¡YUPI!
ME ESFORZARÉ A TOPE.
A CASITA
¡QUÉ TENGAS SUERTE MAÑANA!
¡SÍ!
....
NO ESTOY DE ACUERDO.
AH, ¿NO? ¿NO TE PARECE INTERESANTE LA CHICA?
HA SIDO DE LO MÁS CONVINCENTE.
A VER SI ELLA...
CONSIGUE ENDULZAR ESE CARÁCTER TAN FRÍO QUE TIENES.

DÍGAME QUÉ TENGO QUE HACER Y LO HARÉ.
CUALQUIER COSA.
NO ERES LA PRIMERA QUE NOS PIDE TRABAJO,
Y NO PODEMOS HACER EXCEP- CIONES.
NO...
YA...
¡DÉJELO, ENCARGADO! SÓLO ES OTRA FAN MÁS...
VEAMOS...
3 DÍAS, Y SI GANAS MÁS DE 100 MIL YENS, SERÁS CONTRATADA.
ASÍ DE PASO VEO QUÉ TAL SE TE DA.
PERO SI DAS PROBLEMAS, TE VAS A LA CALLE.

LO SIENTO.
PERO NO SOPORTO A LAS PLASTAS.
NO...
PERO... YO.
FRUSHH
SUO.
TE TENGO DICHO QUE NO HABLES ASÍ...
CON LAS CLIENTAS DE LA MANSIÓN.
KAORU SUEGUSA. ENCANTADO.
¿¡EH!?
E... ¿¡ENCARGADO!?
ENTONCES...
¡¡POR FAVOR, ACÉPTEME!!
A VER QUÉ PODEMOS HACER...
¿¡ENCARGADO!?
HA HA HA HA

ME HE DADO CUENTA DE QUE ESTÁBAMOS PREDESTINADOS,
QUIERO SER ESPECIAL PARA TI.
POR FAVOR, DÉJAME ESTAR A TU LADO.
NO SÉ CUÁNDO VOLVERÉ A VERLE COMO CLIENTA.
JUNG
NECESITO... SENTIR MÁS.
ESTA ES LA ÚNICA MANERA DE ESTAR CERCA DE SUO...
ME GUSTA ATENDER A LAS CLIENTAS...

……
PERO… ¿Y ESO?
QUIERO ESTAR A TU LADO…
¡TE LO RUEGO!
LO SIENTO, NO CONTRATAMOS A JOVENCITAS.
POR… ¿¡POR QUÉ!?
PORQUE… ANTES HAN TRABAJADO ALGUNAS PERO…
SÓLO VENÍAN PARA COQUETEAR CON LOS CAMAREROS Y NO HACÍAN NADA.
¿QUIERES SALIR CONMIGO?
¡CAMARERA DE PACOTILLA!
OYE, ¡NO TOQUES A MI SUO!
GYA GYA
SE PONÍAN CELOSAS Y SE PELEABAN CON LAS CLIENTAS.
Y SIEMPRE IGUAL
AHH
ASÍ QUE YA NO CONTRATAMOS MUJERES.
……
ADEMÁS, NI SIQUIERA SOY EL ENCARGADO.
NO PUEDO AYUDARLE, LO SIENTO.
PERO, CUANDO SE HA DERRAMADO EL TÉ…
Y ME HAS ROZADO, HE SENTIDO ALGO TAN FUERTE…
NUNCA ME HABÍA PASADO CON NADIE…

VOY A RECOGER LO DE FUERA.
TLANK
GRACIAS
¿US-TED?
!
¿QUÉ HACE AQUÍ... TODAVÍA?
PUES...
QUERÍA PEDIRTE UN FAVOR.
HA HA
¡SUÔ!
ES QUE... ME GUSTARÍA TRABAJAR AQUÍ.
FLIP

MI ABUELA ME DIJO HACE TIEMPO...
QUE CUANDO ENCUENTRAS A TU MEDIA NARANJA, TE DAS CUENTA ENSEGUIDA...
CON UNA SIMPLE CARICIA.
TU TUM
TU TUM
TU TUM
¿SERÁ SUO...?
HE HE
MI MEDIA NARANJA!?
FRUSHH

¡UY! QUÉ GEMIDO ME HA SALIDO.
QUÉ CORTE...
WSH
¿ESTÁ BIEN?
TRAIGO UN PAÑO FRÍO.
TENGA
HAA HAA
¿EH?
TANTO PLACER...
NUNCA HABÍA SENTIDO...
¿¡POR QUÉ!?

FSSST
¡QUE... QUEMA!
SEÑORITA REI, ¿ESTÁ BIEN?
OH, NO, ¿PERO QUÉ HE HECHO?
FLIP
CON PERMISO.
FRUP
AH
FRUSH
AH...

HOY TENEMOS TÉ EARL GREY.
CON LECHE
QUÉ AMABLE Y ELEGANTE...
ME ALEGRO DE QUE SEA ÉL QUIEN ME ATIENDA.
PERMÍTAME QUE ME SIENTE A SU LADO.
TUTUM
¿¡HA DICHO A MI LADO!?
SÍ.
¡SÍII! ¡¡QUÉ ILUSIÓN!!
TUTUM
TUTUM
TUTUM
OH, NO... ¡¡ME ESTOY PONIENDO COMO UNA MOTO!!
JU JU JU
OH... SI LE GUSTO,
¿QUÉ SERVICIO ME OFRECERÁ...?
INTRIGA
PRUEBE NUESTRO DELICIOSO PASTEL.
JEH JEH
AWW AWWWN

LA ATENDERÉ CON MUCHO GUSTO,
ME LLAMO SUO KANDORI.
ENCANTADO DE CONOCERLA.
TU
TUM
¡UAUU! ¡UAUU! ¡¡QUÉ BUENO ESTÁ!!
AÚN NO ME CREO QUE VAYA A TOMAR EL TÉ CON ÉL. ♡♡

YO, IZUMI.
Y YO, MAKOTO.
¡BIENVENIDAS A LA MANSIÓN HIMAWARI!
¡UAU! ¡QUÉ PASADA! ¡¡Y LOS CHICOS, QUÉ GUAPOS!!
TAP
GRACIAS POR LLA-MARME.

LE ESPERÁBAMOS, SEÑORITA REI ASAHINA.
Y A SU AMIGA
ME LLAMO HISAKI.
YO SOY JIN.

LA MANSIÓN HIMAWARI,
ES "FAMOSA" POR SUS CINCO GUA-POS CAMA-REROS.
Himawari Kan
SI LES GUSTAS, TE INVITAN A UNA HABITACIÓN SECRETA PARA OTROS "SERVICIOS".
POR ESO LES ENCANTA A LAS CHICAS.
LAS RESERVAS SE HACEN CON 6 MESES DE ANTELACIÓN...
REI... ¡HA LLEGADO EL GRAN DÍA!
TU TUM
TU TUM
TU TUM
SÍ.
POR FIN ME TOCA.
TUM TUM
WAKU WAKU
¿SERÁN TAN GUAPOS COMO DICEN? ♡
JE JE

感じる すぺしゃる オーダー
PLACER A LA CARTA

第1話
Capítulo 1
感じるすぺしゃるオーダー
PLACER A LA CARTA

HOLA, SOY KAEDE IBUKI. ¡¡MUCHAS GRACIAS POR COMPRAR ESTE CUARTO TOMO!! ¡OS ADORO! LO PUBLICARON EN CUANTO LO TERMINÉ, AUNQUE NO FUE TAREA FÁCIL PORQUE HABÍA MUCHOS PERSONAJES QUE DIBUJAR... PERO ENSEGUIDA ME ENGANCHÉ A LA HISTORIA...

CURIOSAMENTE, EL ENCARGADO ME GUSTA MÁS QUE SUO; QUIZÁ PORQUE TAMBIÉN FUE MÁS FÁCIL DE DIBUJAR. ¡LO SIENTO SUO! EN CAMBIO, ME COSTÓ MUCHÍSIMO DIBUJAR A REI. ME GUSTAN LOS CHICOS CON UN AIRE MACARRA, CON OJOS DE GATO.

HE ALQUILADO UN ESTUDIO MUY MODERNO, CON COMEDOR, COCINA Y SALA DE ESTAR, ESPERO QUE ALLÍ ME CUNDA MÁS PORQUE NECESITO PONERME LAS PILAS... ADEMÁS, MI EDITOR ME HACE TRABAJAR SIN PAUSA, AUNQUE AL MENOS ME INVITA A COMER CUANDO VOY A LA REDACCIÓN, ¡VIVA! (UNA DE CAL Y OTRA DE ARENA). PARA MI CUMPLEAÑOS ME INVITÓ A PATO A LA PEKINESA. QUÉ RICO ESTABA. SÓLO POR ESO PROMETO SEGUIR ESFORZÁNDOME...

TENGO POCO ESPACIO, ASÍ QUE MÁS VALE QUE VAYA TERMINANDO EL MONÓLOGO. GRACIAS A TODOS POR LEERME. PROMETO CONTESTAR A VUESTRAS CARTAS, AUNQUE QUIZÁ TARDE.

MI BLOG: HTTP://IBUIBU-BLOG.JUGEM.JP

少コミフラワーコミックス
伊吹楓
Kaede Ibuki
PLACER A LA CARTA
感じる
すぺしゃる
オーダー